Herr J. Lucien,

La Cathédrale de Strasbourg

MINISTÈRE DE L'INSTRUCTION PUBLIQUE ET DES BEAUX-ARTS

MUSÉE PÉDAGOGIQUE

41, rue Gay-Lussac, 41

SERVICE DES PROJECTIONS LUMINEUSES

NOTICE SUR LES VUES

LA CATHÉDRALE
DE STRASBOURG

PAR

Jeanne Lucien HERR

MELUN

IMPRIMERIE ADMINISTRATIVE

—

1919

La présente notice devra être renvoyée au Musée Pédagogique avec les Vues.

LISTE DES PROJECTIONS LUMINEUSES

N°°

1. — Ensemble.
2. — Façade.
3. — Portail latéral droit.
4. — Tympan du grand portail.
5. — Prophètes.
6. — Vertus.
7. — Vierges sages.
8. — Vierges folles.
9. — Côté sud.
10. — Façade du transept sud.
11. — Mort de la Vierge.
12. — L'Église.
13. — La Synagogue.
14. — Le portail Saint-Laurent.
15. — Fragment de la frise symbolique.
16. — Crypte.
17. — Portail roman.
18. — Pilier des anges.
19. — Chœur.
20. — Nef.
21. — Bas-côté sud.
22. — Chaire.
23. — Horloge.
24. — Flèche.

BIBLIOGRAPHIE

Georges DELAHACHE. — La Cathédrale de Strasbourg, 1910.
Émile MALE. — L'Art religieux du XIIIe siècle en France.
  L'Art français et l'Art allemand, 1917.
Louis BATIFFOL. — Les Républiques alsaciennes, 1918.

LA CATHÉDRALE
DE STRASBOURG

A l'heure où le drapeau français flotte de nouveau
au haut de la flèche de Strasbourg et où la vieille
cathédrale parle aux yeux et aux cœurs de tous comme
un symbole des provinces retrouvées, il semble tout
naturel de chercher à connaître son histoire et de se
familiariser avec ses beautés. Nous la verrons tout
à l'heure dans son ensemble et dans ses détails, mais,
avant d'en venir aux vues, nous allons rappeler rapi-
dement ce qu'on sait des différentes phases de sa
construction, de ses architectes, des événements dont
elle a été le théâtre.

La cathédrale de Strasbourg est, dans son ensemble,
une œuvre gothique, c'est-à-dire construite selon les
principes inventés vers le milieu du xiie siècle par
les architectes de l'Ile-de-France, la croisée d'ogive et
les arcs-boutants, tout à l'heure les vues mêmes
nous montreront ce que signifient ces termes, et la
physionomie spéciale que ces procédés nouveaux

donnèrent aux églises, à l'intérieur et à l'extérieur. Mais la cathédrale de Strasbourg n'est pas entièrement gothique; elle a des parties plus anciennes, et qui se rattachent à l'art roman. Ces parties romanes avaient elles-mêmes été construites sur les ruines d'édifices plus anciens qui nous sont fort mal connus : nous possédons pourtant une description en vers latins de l'église carolingienne dont il ne nous reste aucune trace architecturale, et nous savons que cette église carolingienne avait été précédée, sur le même emplacement, par d'autres églises plus anciennes, dont la première semblait remonter au IVe siècle, aux temps mêmes de la fondation de l'évêché de Strasbourg. Strasbourg, placée sur la route même qui conduisait de Rome au nord des Gaules, avait été évangélisée dès les premiers siècles du christianisme, et sa position géographique la désignait pour être un centre de culture, religieuse ou autre.

La partie la plus ancienne de la cathédrale de Strasbourg est la crypte ou église souterraine, une belle crypte longue et large, la plus belle des rares cryptes d'Alsace ; elle se divise en deux parties d'époques différentes, dont la plus ancienne, à l'est, remonte au début du XIe siècle, à l'époque où l'évêque Wernher, aidé de quêtes et de corvées de fidèles, commença la construction de la nouvelle cathédrale pour remplacer celle que les pillages et les luttes intestines des années qui précédèrent l'avènement de l'empereur Henri II avaient mise en ruines et qu'un terrible incendie allumé par la foudre avait achevé d'anéantir. Dans cette partie de la crypte, la voûte est en berceau, et les bases des colonnes sont encore presque antiques. La partie occidentale, qui est plus jeune d'un demi-siècle ou même d'un peu plus, présente des voûtes d'arête, cette voûte romane, formée par la pénétration de deux demi-cylindres, qui est déjà un premier pas vers la voûte en croisée d'ogives de l'époque gothique. Les bases des colonnes ont des griffes, et les chapiteaux sont cubiques, ce qui est une forme fréquente dans l'école rhénane et qui parle d'influence byzantine.

La partie de la cathédrale qui se trouve au-dessus de la crypte, c'est-à-dire l'abside et le chœur, est plus ancienne que le reste de la cathédrale, mais ne remonte pourtant pas au-delà du milieu ou peut-être même de la fin du XII⁰ siècle. Dans l'Ile-de-France, à cette époque, on construisait déjà de grandes églises gothiques, le chœur prenait une grande importance, on l'entourait d'un déambulatoire sur lequel on ouvrait des chapelles rayonnantes, on allongeait l'abside proprement dite de plusieurs travées droites qui donnaient au sanctuaire les proportions d'une petite église : ici, rien de pareil : l'abside, comme aux époques les plus reculées, n'est qu'une sorte de vaste chapelle semi-circulaire directement accolée au transept et qui termine brusquement l'église du côté est. L'extérieur de l'édifice n'est pas visible de ce côté, car le mur plat qui le termine est accolé à la galerie du séminaire, construite au xviii° siècle pour remplacer l'ancien cloître.

Le chœur, au lieu d'être placé comme il l'est habituellement dans les travées qui suivent l'abside, se trouve reporté ici dans le carré du transept, c'est-à-dire au centre même de la croix dessinée par le plan de la cathédrale, entre la grande nef et l'abside d'une part et les deux croisillons d'autre part. Cette partie-ci est à peu près de la même date que l'abside, et encore entièrement de style roman ; elle est couverte d'une coupole sur pendentifs qui repose sur quatre énormes faisceaux de colonnes. Ce carré de transept, un peu moins élevé que l'abside, domine encore les nefs et le transept de treize marches.

Avec le transept, nous entrons dans la période gothique. Au croisillon nord, les deux styles sont encore mélangés : il y a, dans le mur est, un petit portail de dessin purement roman, surmonté d'un fronton triangulaire; le grand pilier qui divise le transept en deux nefs est un pilier rond à chapiteau roman, et par contre les voûtes sont en croisées d'ogives, donc purement gothiques ; au bras sud, au contraire, le gothique s'affirme victorieux, et c'est ici que nous allons trouver le premier des nombreux emprunts faits aux églises de l'Ile-de-France, et qui font de la cathédrale de Strasbourg, non pas, comme on l'a cru longtemps, le chef-d'œuvre de l'architecture gothique allemande, mais une œuvre surtout française d'inspiration. A l'époque des cathédrales, Strasbourg était une terre d'empire, et l'Allemagne l'a de tout temps revendiquée comme sienne. Elle a fait une auréole de gloire à celui qu'on croyait en avoir été le principal architecte, et dont on ne sait au fond pas grand'chose de certain, sauf la date de sa mort. Nous allons voir au contraire que la cathédrale de Strasbourg a été bâtie par des architectes qui, s'ils n'étaient pas français, connaissaient en tout cas l'art de la France de très près. M. Mâle a montré comment dans chaque partie de l'édifice on peut retrouver un ou plusieurs modèles français imités dans leurs grandes lignes et dans leurs détails. Il n'y a d'allemand dans la cathédrale de Strasbourg, ainsi que nous le verrons tout à l'heure, que les tours et la flèche.

Le bras sud du transept, achevé vers le milieu du xiiie siècle, dérive de la cathédrale de Chartres. La façade, où les portes sont surmontées d'un étage de fenêtres à meneaux de maçonnerie, dominé lui-même par des roses composées de petits cercles disposés sur deux rangs autour d'un cercle central, n'est pas la copie de la belle façade du portail royal, mais elle s'en inspire visiblement. Et, surtout, ce qui dans le transept de Strasbourg rappelle Chartres, c'est le pilier des Anges, une œuvre originale et charmante que nous verrons tout à l'heure. C'est le grand pilier placé au centre du bras du transept, probablement pour diminuer les difficultés de la construction et diviser en quatre la surface à voûter. Il est flanqué de quatre hautes colonnes, séparées par trois étages de statues superposées figurant en raccourci le Jugement dernier. On peut trouver au porche nord de la cathédrale de Chartres le modèle de ces statues, de leurs draperies, du dais qui les surmonte. et surtout de la manière même de les adosser.

Le transept à peine terminé, on entreprit la nef. L'imitation française est ici plus apparente encore, mais ce n'est plus Chartres qui est le modèle, c'est Saint-Denis, non pas la première église de Saint-Denis, celle que Suger avait construite et qui fut l'inspiratrice de presque tous les premiers édifices gothiques, mais la basilique reconstruite sous saint Louis par Pierre de Montereau. L'imitation est frappante, et la copie s'écarte tout juste du modèle par quelques détails, et pourtant l'impression d'ensemble reste très différente. L'architecte de Strasbourg n'avait pas les mains libres, il ne créait pas de toutes pièces, il lui fallait au contraire s'adapter à un chœur et à un transept déjà existants, et il lui fallait se conformer à des dimensions données, pour la largeur aussi bien que pour la hauteur. C'est ce qui explique l'aspect de la nef de Strasbourg, beaucoup plus trapue, beaucoup moins élancée que les nefs gothiques habituelles. En hauteur, l'architecte a gagné tout ce qu'il a pu, et a dépassé de beaucoup le toit de l'abside ; il a même caché en partie la tour bâtie au-dessus du carré du transept et dont la partie inférieure seule est ancienne.

A part cette question de proportions, pour laquelle l'architecte n'était pas libre, la nef est la copie exacte de celle de Saint-Denis. Il y avait vingt ans à peine que Pierre de Montereau avait reconstruit Saint-Denis ; à ce moment-là toutes les grandes cathédrales étaient construites. Chartres, Reims, Amiens, Beauvais avaient amplifié et embelli le modèle que leur avait donné le premier Saint-Denis, chacune marquant un progrès en hardiesse, en lumière, en perfection dans la forme sur celle qui l'avait précédée. Pierre de Montereau innove et perfectionne à son tour, et la nouveauté la plus marquante de son église, c'est le triforium vitré. On appelle triforium la petite galerie de circulation qui, dans les églises gothiques, se trouve directement au-dessous des grandes fenêtres, et qui a remplacé les tribunes des églises romanes après s'y être d'abord superposée. Jusqu'alors le triforium avait été aveugle, c'est-à-dire que ses arcatures se détachaient sur un mur plein. A Saint-Denis, pour la première fois, le triforium est vitré, ajoutant ainsi sa lumière à la lumière des fenêtres, et faisant avancer d'un pas ce problème de la clarté qui passionne les architectes gothiques et est à l'origine de la plupart de leurs innovations. Ils n'en restèrent pas là, du reste ; le triforium ajouré s'ajouta bientôt directement à la fenêtre, puis disparut de façon à transformer tout le mur en une immense verrière. A Strasbourg, nous retrouvons exactement les dispositions de Saint-Denis : au-dessous des fenêtres, le triforium vitré. Mais cette ressemblance-là n'est pas la seule, et le maître strasbourgeois a adopté d'autres innovations de Pierre de Montereau : à sa suite, il a transformé les piliers en un faisceau de colonnettes qui montent toutes droites du sol à la voûte, sans l'arrêt habituel du chapiteau, puis, comme lui encore, il a placé dans les bas-côtés un chemin de ronde qui passe derrière les piliers et devant les fenêtres des murs latéraux, et à Strasbourg comme à Saint-Denis ce chemin de ronde est supporté par un soubassement décoré d'arcatures. C'est une pratique pour ainsi dire inconnue dans l'Ile-de-France, fréquente au contraire en Champagne et en Bourgogne.

A part donc la question des proportions, et des détails peu importants tels que les roses des fenêtres qui rappellent plutôt celles de la Sainte Chapelle de Paris (dont Pierre de Montereau est l'architecte probable), la nef de Strasbourg est l'imitation fidèle, la copie presque, pourrait-on dire, de celle de Saint-Denis.

La nef terminée, on entreprit la façade séparée de la nef par un grand narthex ou vestibule, et c'est ici qu'apparaît le nom du fameux architecte à qui on fit fréquemment honneur de la cathédrale toute entière. Cet architecte, c'est maître Erwin de Steinbach, à qui on a fait dans l'histoire de l'art gothique une place plus grande que celle qui lui revient, et autour duquel on a édifié toute une légende qui repose sur bien peu de chose. Voici ce qu'on sait sur lui de positif: en 1284, un document mentionne sans détails « Meister Erwin Werkmeister », c'est-à-dire maître Erwin maître d'œuvres, puis en 1316, c'est-à-dire trente-deux ans plus tard, on trouve sa signature sur la balustrade d'une chapelle. Deux ans après il meurt, et on inscrit sur sa pierre tombale: « Magister Erwin Gubernator fabricafe ecclesie », c'est-à-dire maître de l'œuvre Notre-Dame. Et c'est tout, et on n'est même pas absolument sûr que la première et les deux dernières mentions s'appliquent au même individu à tant d'années de

distance. Quant au nom de Steinbach, il ne se trou-
vait que dans une inscription apocryphe aujourd'hui
disparue. Les Allemands s'en sont emparés et ont
décidé qu'Erwin était originaire du petit village de
Steinbach dans le grand-duché de Bade, où ils lui ont
élevé une statue. Mais la tradition repose sur de bien
faibles bases. On l'a embellie en ajoutant à Erwin la
figure charmante de sa fille Sabine, que la légende
représente comme l'auteur des magnifiques figures de
l'Église et de la Synagogue à la façade sud. Nous-
mêmes l'avons acceptée en élevant à Sabine et à son
père, vers le milieu du siècle dernier, deux statues
sur la petite place avoisinante. Mais, comme l'œuvre
attribuée à la fille est antérieure d'un bon demi-siècle
à celle du père, il a bien fallu se rendre à l'évidence.

On attribuait à Erwin, non-seulement toute la
façade, mais encore la presque totalité de la nef,
rebâtie, disait-on, après le grand incendie de 1298,
mais on s'est rendu compte que cet incendie n'avait
guère endommagé que la toiture, et que la nef, dont
les travaux avaient duré vingt-cinq ans, était terminée
telle que nous la connaissons avant qu'on n'entreprît
la façade. La façade elle-même n'est pas entièrement
d'Erwin. C'est lui, on le croit du moins, qui en avait
fait le plan ; il avait même fait plusieurs plans successifs qui existent encore au Musée de l'œuvre et qui

montrent les transformations de sa pensée primitive.
Mais la façade telle qu'elle fut exécutée n'est entièrement conforme à aucun de ces plans : Erwin mourut
avant de l'avoir achevée, et ses successeurs y appor-
tèrent bien des modifications, dont la plus importante
fut le cube de maçonnerie qui réunit la base des deux
tours. Ici encore les influences d'Ile-de-France sont
frappantes; cette façade est la combinaison des élé-
ments des façades de Notre-Dame de Paris, la façade
principale prise comme modèle pour les grandes
lignes de la construction, et la décoration empruntée
aux façades des transepts. Nous examinerons les
choses plus en détail tout-à-l'heure avec la projection
de la façade sous les yeux. Tout dans cette façade
n'est pourtant pas imité; il y a un détail qui n'a de
prototype ou d'imitation ni dans l'art français ni dans
l'art allemand; c'est une sorte de claire-voie gigantesque jetée en avant de la façade. « On dirait, dit M.
Mâle, (page 160) les nerfs tendus d'une immense
harpe. Il semble qu'au moindre souffle toute la cathédrale va vibrer. Nous franchissons ici les limites de
l'art : l'architecture a l'air de vouloir se dissoudre
en musique. »

D'après le plan primitif, la façade de la cathédrale
de Strasbourg devait ressembler beaucoup à celle de
Notre-Dame de Paris, non pas à la silhouette presque

carrée que nous connaissons, mais à la façade actuelle
dominée de deux hautes tours à flèches. Nous avons
vu que ce plan fut transformé : l'espace entre les deux
tours fut comblé, la tour nord fut élevée beaucoup
au-dessus des proportions prévues, puis couronnée
d'une flèche qui s'élève à cent quarante-deux mètres
au-dessus du sol. C'est à ce travail que se borne la part
des architectes allemands. C'est **un** Souabe, Ulrich
d'Ensingen. qui, au début du xv° siècle, éleva la **tour**
nord jusqu'au-dessus des grandes baies, et c'est Jean
Hültz de Cologne qui construisit la flèche et la termina
en 1439. Au milieu du xvii° siècle elle fut frappée
par la foudre, et on dut reconstruire les vingt mètres
supérieurs. Cette tour gigantesque a fait l'admiration du monde ; elle donne à la cathédrale tout entière
un élan et une légèreté magnifiques, mais la flèche
en elle-même est un tour de force plus qu'une œuvre
d'art. Viollet-le-Duc la juge, un peu sévèrement,
« une œuvre manquée, d'une exécution médiocre ».
Mais, si l'exécution en est un peu sèche, si les détails
en sont trop mathématiques et monotones, si même
la ligne générale de la flèche est brisée par trop d'éche-
lons, l'effet d'ensemble reste saisissant et peu
d'édifices ont ému autant de cœurs d'une émotion
où le sens de la beauté s'unit à l'idée de la patrie.

Telle était la cathédrale de Strasbourg dès le milieu

du xvᵉ siècle, une crypte très ancienne, une abside romane, un transept du style de transition, une nef et une façade de pur gothique français, enfin une flèche qui s'élevait plus haut que toutes les flèches connues. Il faut encore y ajouter un certain nombre de chapelles ou d'autres constructions qui datent de diverses époques : à l'est, des deux côtés de l'abside, et terminées par le même mur qu'elle, deux grandes chapelles, dont l'une est presque entièrement romane et l'autre de gothique primitif; au nord, en prolongation du bras du transept, l'ancienne chapelle Saint-Laurent, devenue sacristie, construite à la fin du xvᵉ siècle, en même temps que le joli portail qui porte le même nom et que nous verrons tout à l'heure. Puis, se faisant face des deux côtés des premières travées de la nef, deux grandes chapelles construites à deux cents ans d'intervalle, l'une au xivᵉ, l'autre au xviᵉ siècle. Enfin, à l'angle nord-est de la cathédrale, on éleva au xviiiᵉ siècle une grande salle octogone, dite sacristie du chapitre. L'extérieur des bas-côtés est caché dans sa partie inférieure par une série d'arcades d'un gothique assez fantaisiste: au Moyen-Age la cathédrale était complètement entourée de constructions, maisons, petites boutiques etc; au xviiiᵉ siècle on dégagea la façade occidentale, on établit le parvis, et le long des façades latérales on dé-

truisit toutes les petites boutiques accolées aux contreforts ; on les reconstruisit un peu plus en avant, de
façon à écarter le danger d'incendie, et on les masqua
derrière les arcades qui existent encore ; au siècle dernier on détruisit toutes les petites boutiques du côté
nord, mais on laissa subsister celles du côté sud qui
abritent encore le chantier de la cathédrale.

Mais la cathédrale a une autre histoire que celle
de sa construction. Elle a été intimement mêlée à la
vie de Strasbourg, et on ne peut pas séparer l'histoire
de la ville de celle de l'église. A l'époque féodale,
Strasbourg dépendait de son évêque, qui depuis le
xᵉ siècle était maître souverain chez lui. Mais la ville
n'acceptait pas toujours de bonne grâce cette autorité
accordée par l'empereur, et les luttes entre Strasbourg
et ses évêques sont restées célèbres. Très vite, dès le
xiiᵉ siècle, elle obtint des empereurs des immunités et
des privilèges, et elle fut la première ville impériale
d'Alsace. L'évêque reçut comme dédommagement le
titre de prince, mais son pouvoir était fortement
ébranlé dans la ville même, car il était maître au dehors
d'un domaine important qui comptait jusqu'à
115 villes, villages ou hameaux. Strasbourg fut en
lutte constante contre ses évêques, et, au milieu du
xvᵉ siècle, après s'être révoltée contre l'un d'eux, Guil-

laume de Dietz, et l'avoir retenu prisonnier dans la
sacristie de la cathédrale, elle le força, et ses successeurs après lui, à résider à Saverne et non plus à
Strasbourg. Ce n'est que sous Louis XIV que le
prince évêque pourra reprendre dans la ville sa place
et son rang.

Dégagée du pouvoir gênant de son évêque et
devenue ville impériale, Strasbourg avait joui d'une
liberté presque complète ; elle s'administrait sans
aucun contrôle et refusa toujours de prêter serment.
Elle s'appelle officiellement « république », elle reçoit
l'empereur, lui offre des cadeaux, mais n'exécute de
ses ordres que ceux qui lui plaisent. Elle est en réalité
une ville libre, « Freie Reichsstadt ».

Mais si l'histoire politique de Strasbourg touche
de près à la cathédrale, on peut dire que son histoire
religieuse s'y passe.

Dès la fin du xvᵉ siècle les luttes religieuses qui
devaient prendre tant de force et de passion au siècle
suivant commencent à se manifester, et c'est la cathédrale
qui est le théâtre des premières discussions. C'étaient
les Dominicains qui étaient chargés de la prédication à la
cathédrale, mais leur crédit avait beaucoup baissé, et
leurs sermons étaient loin de satisfaire tout le monde à
un moment où les doctrines des Vaudois et des Hussites
remuaient déjà les consciences. Quelques citoyens de

Strasbourg se cotisèrent pour faire venir un prédicateur
séculier, docteur en théologie, pour lutter contre les
abus et l'esprit de relâchement de l'Église. On construisit à son usage la belle chaire de pierre que nous
admirerons tout à l'heure. Le premier de ces prédicateurs fut Jean Geyler de Kaysersberg, qui prêcha
avec véhémence pendant 3o ans et fut un vrai précur-
seur de la réforme.

En pleine cathédrale, il dénonça l'esprit guerrier
et la vie déréglée des évêques, leur luxe et leur faste,
leur abus de l'excommunication : il s'éleva contre le
manque de discipline des monastères où moines et
nonnes ne suivaient plus aucune règle, s'habillant et
sortant à leur guise, couchant où bon leur semblait et
ne suivant même plus les offices.

La véhémence avec laquelle il s'élève contre le
mauvais exemple donné par les clercs rappelle Luther,
mais l'orthodoxie de sa théologie le classe parmi les
réformateurs catholiques.

D'autres prédicateurs lui succédèrent, qui allèrent
plus loin que lui et acceptèrent les idées nouvelles, et,
pendant des années, les partisans du nouveau culte et
ceux des anciens dogmes se disputèrent la cathédrale.
A un moment donné les catholiques se trouvèrent
refoulés dans le chœur, tandis que toute la nef appar-
tenait aux protestants, qui restèrent même à un moment

donné les maîtres de la place. Et cette victoire se tra-
duisit par l'enlèvement des statues de la Vierge et par
la destruction de toutes les épitaphes qui couvraient
le pavage. Charles-Quint rendit la cathédrale aux catholiques, avec la liberté pour les protestants de continuer
à y prêcher les dimanches et jours de fête, mais, le
prédicateur ayant refusé de prêcher en surplis, les
catholiques restèrent les maîtres pendant 10 ans.
Or la population et à sa tête le Magistrat, c'est-à-dire
l'assemblée composée des trois Conseils et du Sénat,
qui gouvernait la République strasbourgeoise, étaient
pour le nouveau culte, et, à la suite d'une émeute,
d'une bataille à coups de pierres, de boules de neige et
de chaises contre le clergé barricadé dans le chœur elle
reprit possession de la cathédrale, qui resta protestante
pendant près d'un siècle et quart, jusqu'à la prise de la
ville par Louis XIV. Pendant toute cette époque la
cathédrale vécut de la vie troublée et agitée de la cité
et de la république, et les luttes religieuses qui mirent
en conflit Strasbourg, comme presque toutes les villes
d'Alsace, et l'empereur, furent à l'origine des vexations
imposées au peuple, qui, sentant ses libertés menacées,
se tourna vers la France. Déjà, en 1546, Strasbourg,
que Charles-Quint voulait obliger à se retirer de la
ligue de Smalkalde, en appelle à François Ier, sans
résultat d'ailleurs. Strasbourg est vaincue, mais ne se

soumet qu'en apparence ; la lutte continue ; la ville
veut que la cathédrale soit protestante, et l'empereur,
de plus en plus violent et autoritaire, veut qu'elle soit
catholique. Pendant douze ans la guerre des évèques
— celui des catholiques et celui des protestants —
ensanglanta l'Alsace entière, puis éclata la guerre de
Trente ans, qui fut pour l'Alsace une période de ruine
et de malheur. Elle appela à son aide les Suédois
protestants qui ravagèrent le pays plus encore que les
troupes impériales. C'est alors que l'Alsace se tourna
vers la France et lui demanda sa protection. En 1648,
le traité de Wesphalie donnait presque toute l'Alsace
à la France. La république de Strasbourg restait encore
indépendante, mais, 30 ans plus tard, elle était
conquise à son tour.

Le règne de Louis XIV rendit la cathédrale au culte
catholique ; il lui apporta aussi toute une série d'em-
bellissements au goût du jour : destruction du vieux
jubé gothique, installation dans le chœur de stalles, de
boiseries et de décorations en plâtre, autel riche surmonté d'un lourd baldaquin, qui rendirent la vieille
cathédrale moins austère, plus au goût de l'époque et
plus propre, semblait-il, aux fêtes somptueuses qui
devaient s'y dérouler, mariage de Marie Leczinska,
triomphe de Louis XV après sa maladie de Metz,
passage de Marie-Antoinette.

Mais on fit subir à la cathédrale d'autres change
ments, plus importants encore : on agrandit le chœur
en y ajoutant la première travée de la nef surélevée à
cet usage, on construisit d'énormes tribunes entre les
colonnes de cette travée, on détruisit les anciens escaliers qui conduisaient à la crypte pour en reconstruire
ailleurs de nouveaux. Enfin, c'est de ce moment que
datent la grande sacristie octogone et les arcades
extérieures dont nous avons parlé.

La Révolution réservait à la cathédrale des journées
plus orageuses encore que celles de la Réforme, et de
graves mutilations ; comme par le passé elle partagea
toutes les émotions de la ville, elle fut l'enjeu de la
plupart de ses luttes et le théâtre de toutes ses fêtes.
On y annonça la convocation des États généraux, on
y chanta la Marseillaise qui venait quelques semaines
plus tôt de retentir pour la première fois chez le
maire Dietrich, on y célébra en grande pompe
les fêtes de la Raison, de l'Être suprême, de la sou-
veraineté du Peuple, de la Reconnaissance et bien
d'autres encore. C'est sur sa flèche que flottèrent les
premiers drapeaux tricolores qu'on eût vus à Strasbourg, et c'est sur sa tour qu'on installa le télégraphe
optique.

C'est en 1793 qu'eurent lieu les premières destruc-
tions. La municipalité chercha bien à résister aux

ordres venus d'en haut de détruire « toutes les statues
de pierre qui sont autour du temple de la Raison »,
mais le maire Monet, un Savoyard qui n'avait pas
comme les autres l'amour de la vieille cathédrale, s'en-
têta, et fit requérir, pour participer à l'œuvre de destruction, tous « les citoyens en état de se servir
d'un marteau ». Heureusement, l'administrateur des
travaux publics se hâta de faire desceller et de mettre
en lieu sûr 67 statues : mais il ne put tout sauver et
les marteaux firent leur œuvre. Ces ouvriers impro-
visés ne montrèrent du reste pas grand zèle et ne
s'aventurèrent pas très haut dans l'édifice, et au bout de
deux jours on déclara le travail terminé. Nous verrons
tout à l'heure que ce qui a le plus souffert, ce sont les
tympans et les voussures des portails de la façade, qui
ont dû être refaits en grande partie, et les grandes statues d'apôtres du transept nord, qui n'existent plus.

L'année suivante, la cathédrale courut un risque
plus grand encore : on faillit abattre sa flèche, mais la
municipalité réussit à la sauver.

Enfin, en 1801, la cathédrale fut définitivement
rendue au culte catholique.

Au xix⁰ siècle on lui fit subir une série de restau-
rations que nous verrons en cours de route et dont la
plus importante fut la remise en état des parties trans-
formées sous Louis XIV. En 1870 le bombardement

causa à la cathédrale de graves dégâts. Elle reçut un grand nombre d'obus, et un incendie détruisit toute sa toiture; heureusement les voûtes résistèrent et les arcs-boutants ne furent pas atteints, ce qui fait que le mal fut réparable.

Pendant les années de la grande guerre on s'est demandé souvent avec angoisse dans quel état nous la retrouverions le jour où elle nous serait rendue. Mais cette fois la bataille l'a épargnée, nous la retrouvons intacte, et elle nous paraît bien plus belle encore, à présent qu'elle est redevenue française.

Voyons-la maintenant en une série de projections.

N° 1. — Vue d'ensemble.

Voici la haute silhouette de la cathédrale jaillissant au-dessus des toits pointus de Strasbourg. Vous la voyez bien dans son ensemble : ses deux tours, sa flèche unique s'élançant vers le ciel, la rose de sa façade, puis la grande nef étayée par les contreforts, la tour romane, refaite, séparant la nef de l'abside, beaucoup plus basse et que vous ne voyez pas, enfin le bras sud du transept qui fait saillie.

La cathédrale a 103 mètres de longueur avec un transept de 56 mètres. La hauteur de la nef est de 32 mètres et celle de la flèche de 142 mètres. Elle est construite en grès vosgien, d'un grain très fin et d'une admirable couleur tantôt rose, tantôt dorée, qui donne à l'édifice un charme particulier.

N° 2. — La Façade.

Vous avez sous les yeux la façade telle qu'elle se présente quand on arrive par l'ouest, car Strasbourg, comme toutes les églises du Moyen-Age, a le chœur tourné vers l'est et la façade vers l'ouest. Vous la voyez rognée dans le bas, car, bien qu'on l'ait dégagée au xviii° des maisons qui l'entouraient de toutes parts, le parvis qui la précède est si étroit qu'on n'arrive pas à la photographier dans son ensemble. Vous vous rendez bien compte tout de même de son aspect et de sa disposition, et ceux d'entre vous qui ont souvent regardé Notre-Dame-de-Paris se rendent compte tout de suite de la parenté évidente qu'il y a entre les deux façades. Supprimez par, un effort

d'imagination, la partie supérieure de la tour nord et
la flèche, et le bloc de maçonnerie qui rejoint la base
des deux tours, et vous retrouverez les grandes lignes
de la cathédrale de Paris. La galerie des rois et l'étage
d'arcatures au-dessus de la rose manquent, mais les
proportions sont presque les mêmes, et on retrouve,
identiques à ceux de Paris, l'étage inférieur, celui de
la rose entourée des deux grandes fenêtres, et les ouvertures allongées des tours. Le rapport le plus frappant
se trouve dans les portails, car, à l'époque où on éleva
cette façade (dernier quart du XIIIe siècle), on ne faisait
plus de portails conçus de cette façon, c'est-à-dire
ouverts au ras de la muraille, et n'ayant comme pro-
fondeur que l'épaisseur des murs. La formule du
XIIIe siècle est celle qui a été trouvée à Laon, les portes,
au lieu de s'enfoncer dans le mur, sont jetées en avant
et deviennent des porches couverts d'un petit toit. C'est
de cette façon que sont conçus les portails de toutes
les grandes cathédrales, et l'architecte de Strasbourg
fait une chose très rare dans l'art gothique : il revient
à une formule bien antérieure à son époque ; il a cher-
ché tout de même à rajeunir son œuvre et à la mettre au
goût du jour, et, pour cela, il s'est inspiré de nouveau
de Notre-Dame-de-Paris, mais c'est cette fois-ci, comme
nous l'avons vu il y a un moment, aux façades des
transepts qu'il est allé demander ses modèles. Les
transepts de Notre-Dame construits par Jean de Chelles
sont postérieurs de plus de 50 ans à la façade principale.
C'est le premier exemple de façades très ornées où la
maçonnerie est pour ainsi dire entièrement cachée et
recouverte d'ornements. C'est cette décoration que
l'architecte de Strasbourg a appliquée à sa façade. En
effet, si ses portails sont ouverts au ras du mur comme

ceux de la façade occidentale de Paris, s'ils sont séparé
et encadrés par de puissants contreforts qui font saillie
ils n'ont plus rien de la nudité, de l'austère simplicit
de leurs modèles. Ils sont surmontés de gâbles aigu
couverts de statuettes et d'ornements, les contrefort
eux aussi sont couverts de statues. Le mur n'est plu
visible nulle part, et les gâbles s'élèvent si haut qu'il
n'ont plus laissé de place pour la galerie des rois qu
figurait dans un des projets primitifs.

La grande rose occupe le centre de la façade comm
à la façade occidentale de Notre-Dame de Paris, mai
c'est aux transepts qu'a été emprunté le dessin mêm
de la rose, une grande rose de toute beauté, ressemblan
à une fleur avec de longs pétales se détachant d'un cœur
elle est inscrite dans un carré et flanquée de petit
cercles qui remplissent les angles.

L'originalité de toute cette partie de la façade, c'est l
curieuse claire-voie qui la recouvre, faite dans le ba
d'arcatures se détachant des gâbles, et, à l'étage de l
rose, de minces colonnettes qui montent d'un je
jusqu'au deuxième balcon.

Les baies étroites de la base des tours prolongent le
arcatures qui voilent les grandes fenêtres. Ce troisièm
étage est tout à fait différent du plan de l'architect
Erwin ; il avait en effet, comme on peut s'en rendr
compte par les dessins qui existent encore à l'œuvr
du Dôme, prévu au-dessus de l'étage de la rose deu
tours séparées terminées par des flèches. A la fin d
xive siècle l'un des successeurs d'Erwin rejoignit pa
un cube de maçonnerie les deux tours ; puis, la tou
sud restant inachevée, on éleva sa voisine beaucou
plus que ne l'avaient prévu les plans primitifs, et on l
couronna au milieu du xve siècle de cette flèche qu

devait faire l'admiration du monde; nous la verrons de plus près dans un moment.

Nº 3. — Portail latéral.

Vous avez vu tout à l'heure le portail central; vous avez maintenant l'une des portes latérales qui le flanquent et qui, sur la projection précédente, étaient cachées par les maisons. Sur cette vue de détail vous verrez mieux tout le réseau qui recouvre la façade, ces minces colonnettes rapprochées les unes des autres comme une claire-voie. Vous avez là le portail latéral de droite. d'un dessin très aigu, surmonté d'un gâble pointu. Le tympan ou partie pleine qui surmonte la porte représente le Jugement dernier et est refait, de même que les voussures, cordons sculptés qui entourent le tympan.

Les grandes statues des pieds-droits que vous allez revoir représentent les Vierges sages et les Vierges folles; quatre d'entre elles sont placées sur la façade même sous de petits gâbles.

L'aspect un peu trop élancé de cette porte vient de l'abaissement du parvis, fait il y a un siècle à peu près. On a abaissé le sol d'un mètre environ, et les statues sont ainsi placées plus haut qu'elles ne devraient l'être.

Nº. 4 — Tympan du grand portail.

Les tympans des portails latéraux de la façade ont été entièrement refaits, tandis que celui du portail central est ancien en bonne partie (il n'y a guère de moderne que le registre supérieur et la partie gauche de celui placé immédiatement au-dessous). Voyons la signi-

fication de ces scènes en commençant par le bas, et à
gauche. L'entrée à Jérusalem d'abord, Jésus sur son
âne acclamé par la foule ; au premier plan un personnage prosterné, au deuxième un autre curieusement
posé sur le feuillage d'un arbre. Puis la Cène : une
longue table où la nappe dessine des plis réguliers ;
le Christ et les Apôtres sont debout, saint Jean dort
appuyé sur le sein de son maître et Judas est accroupi
tout seul de l'autre côté de la table. Vient ensuite
l'arrestation : un soldat saisit le Christ que Judas embrasse ; Jésus de sa main libre touche l'oreille de Malchus
que Pierre vient de couper (Remarquez la curieuse
coiffure que porte Malchus ; c'est le fameux bonnet pointu
caractéristique des Juifs au Moyen-âge). Puis Jésus est
brutalement conduit devant Pilate, et, à l'extrémité du
registre, il est presque nu, attaché à une colonne et
frappé de verges.

Au-dessus — toujours en commençant par la gauche -
le Christ est couronné d'épines. (Un de ses bourreaux
porte lui aussi le bonnet juif, d'une forme un peu différente). Puis le portement de croix, avec encore un bonnet pointu ; la figure du Christ est belle, pliant sous le poids
de l'énorme croix. Ensuite vient la Crucifixion, formant
le centre de tout le tympan. Le Christ est attaché à la croix,
la tête penchée, les jambes repliées ; à sa droite, une
jeune femme couronnée reçoit dans un calice le sang
qui jaillit de son côté tandis qu'à sa gauche une autre
jeune femme se détourne et laisse tomber sur sa poitrine sa tête aux yeux bandés. Ce sont les personnifications de l'Eglise et de la Synagogue que nous retrouverons au portail du transept sud et dont nous reparlerons
plus longuement. A côté de l'Eglise, la Vierge, douloureuse, mais très droite et digne dans sa douleur, et, près

de la Synagogue, saint Jean soutenant de sa main sa
tête inclinée. La Vierge et saint Jean sont les personnages
le plus fréquemment représentés auprès de la Crucifixion ; la première symbolise la nouvelle Alliance, et
c'est ce qui lui vaut sa place à la droite de son fils, et le
second, toujours à gauche, est le symbole de l'ancienne
Alliance (à cause de son attitude le matin de la Résurrection où il laissa saint Pierre entrer le premier dans
le tombeau vide). Sous la croix, un squelette dans un
cercueil ouvert. C'est le premier Adam, qui a perdu
l'humanité par sa faute, rapproché du nouvel Adam qui
l'a sauvée par sa mort. Ce symbolisme dû aux théologiens a été adopté par les artistes et se retrouve cons-
tamment, aussi bien dans l'Italie du xve siècle que dans
la France du xiiie. Plus loin, la descente de croix : la
Vierge soutient tendrement la tête de son fils que Nico-
dème et Joseph d'Arimathie descendent de la croix, puis,
à l'extrémité du registre, les saintes Femmes penchées
sur le tombeau vide écoutent le message de l'Ange fami-
lièrement assis sur le sarcophage sculpté, tandis qu'au-
dessous trois soldats romains dorment d'un profond
sommeil. Dans une petite scène comme celle-ci, on sent
nettement l'influence des mystères et le caractère
réaliste que prend l'art à imiter ainsi des scènes vues.
Toute la partie gauche du 3e registre est refaite et représente la mort de Judas et la descente aux limbes, puis
le *Noli me tangere* où le Christ se retourne vers la Made-
leine agenouillée, et une autre scène, vue elle aussi à travers les mystères : le Christ et les Apôtres sont réunis
dans une toute petite chambre et saint Thomas plonge sa
main dans la plaie de son Maître. Le haut avec l'Ascension est moderne. Refaites aussi, les petites scènes
des voussures que vous apercevez à droite et à gauche.

N° 5. — Les Prophètes du grand portail.

Les pieds-droits du grand portail sont ornés de grandes figures de prophètes qui datent de la fin du XIIIe ou du début du XIVe siècle ; vous avez sous les yeux celles de l'ebrasement gauche qui sont toutes anciennes. Parmi cette série de vieillards barbus, — il y a quatorze statues, y compris celles placées sur la façade, — deux figures différentes ressortent et elles se trouvent justement parmi celles-ci. Le personnage du milieu d'abord, beaucoup plus jeune que ses voisins, et imberbe. Il a une figure dure et expressive, légèrement tordue de côté, des sourcils froncés, une abondante chevelure bouclée sortant de son bonnet pointu et encadrant sa face mince. Il est vêtu tout autrement que les autres, d'une longue robe droite à manches amples, à revers fixés par des boutons. On a tout-à-fait l'impression d'un portrait. La première statue à droite représente non pas un prophète mais une sibylle, la sibylle Erythrée qui, pour le Moyen-Age, personnifie l'antiquité païenne attendant elle aussi la venue de Jésus-Christ. Elle est très grande, vêtue comme les prophètes d'un ample manteau, et tenant comme eux un phylactère ; sa tête jeune et virile est ceinte d'un diadème et encadrée de cheveux ondulés. Les trois autres prophètes sont vieux, assez archaïques d'exécution avec de longues figures encore allongées par leurs barbes. Le deuxième et le quatrième sont plongés dans la lecture de leur phylactère, mais l'étroitesse de leur niche leur impose pour lever le bras un mouvement très gauche et une attitude guindée.

Les voussures que vous voyez au-dessus sont des réfections modernes.

N° 6. — Les Vierges sages.

Comme nous venons de le voir, les pieds-droits du portail latéral sud sont consacrés aux grandes figures des Vierges sages et des Vierges folles. Cette parabole de l'évangile est une des quatre (sur quarante) adoptées par l'art du Moyen-Age. En général, en France, les Vierges sages et folles accompagnent le Jugement dernier, auquel les rattachaient les explications des théologiens, sous la forme de petites statuettes placées dans les voussures, sur le chambranle de la porte, ou encore dans une rose. En pays germanique, cette représentation a pris plus d'importance, et les Vierges sages et folles sont devenues de grandes statues: de plus, elles sont accompagnées de l'Époux et du Séducteur qui manquent dans les cathédrales françaises. Ici, si la disposition est d'influence germanique, l'œuvre elle-même est toute française par sa mesure et sa tranquillité, bien éloignée de l'exagération de l'expression qui signale les œuvres allemandes, Magdebourg ou Bâle, par exemple, où les Vierges folles se tordent de douleur, tandis que les sages manifestent leur joie par un sourire qui est une grimace. Ici rien de pareil, les Vierges sages que vous avez sous les yeux sont douces et calmes, sereines plutôt que joyeuses. Elles tiennent de la main droite la lampe où brûle l'huile de la charité qui a duré pendant leur longue attente — les siècles qui s'écouleront jusqu'au Jugement dernier, d'après les commentateurs — et les voilà prêtes à entrer avec l'Époux, qui est Jésus-Christ. Vous le voyez qui les bénit de la main droite.

Les petites scènes qui se trouvent sous les statues, sur

les deux faces des socles qui les supportent, forment une représentation des signes du Zodiaque et des travaux des mois, appelés calendriers, et très fréquents dans l'art du Moyen-Age. Ce sont de charmants petits tableaux rustiques; au-dessous des deux vierges de droite vous distinguez, très bien un homme qui coupe des épis et qui représente le mois de juillet, et un autre qui les bat et symbolise le mois d'août. Les Gémeaux, le Scorpion et la Balance du zodiaque sont aussi faciles, à reconnaître.

Remarquez aussi la délicatesse du motif sculpté qui orne le chambranle de la porte, des feuillages finement dessinés et copiés d'après nature.

N° 7. — Les Vierges folles.

Les Vierges folles sont plus expressives que leurs compagnes; on pourrait même dire que les premières d'entre elles et le Séducteur ont subi une forte influence germanique. Le Séducteur, jovial et grimaçant, élève dans sa main droite une pomme: le vieux symbole de la chute. Et si vous pouviez le voir par derrière, vous apercevriez d'horribles serpents rongeant son dos. La vierge, sa voisine, est subjuguée par son charme. Sa lampe renversée gît par terre, et avec un sourire complaisant, elle dégrafe son manteau. Les deux autres vierges ont des figures charmantes, douloureuses mais d'expression très mesurée. Leurs lampes vides sont retournées, et un léger diadème qui maintient leurs cheveux ondulés leur fait une coiffure plus gracieuse et moins monacale que les voiles de leurs compagnes élues. Au-dessous, encore le calendrier. Sous le Séduc-

teur, tout à fait à gauche, vous voyez un homme à
table, le signe habituel du mois de janvier. Au-dessous
de la Vierge conquise, Février se chauffe les pieds à une
haute cheminée et plus loin, Mars coupe sa vigne tandis qu'Avril se promène avec de gros bouquets de fleurs ;
et, leur correspondant, le Verseau, les Poissons, le Bélier
et le Taureau.

N° 8. - Les Vertus.

Les pieds-droits du portail latéral nord sont ornés de
grandes statues qui font pendant aux Vierges sages et
folles du portail latéral sud. Ce sont les vertus trans-
perçant les vices de leurs lances. C'est un thème très
fréquent dans l'art du Moyen-Age que celui des vertus
et des vices ; à l'époque romane les vertus ont l'aspect
de vierges guerrières qui luttent contre les vices et
triomphent d'eux ; à l'époque gothique au contraire les
vertus sont représentées sous la forme de belles jeunes
femmes calmes et sereines, tandis que le vice qui leur
correspond a pris la forme d'une petite scène fami-
lière. Ici, à l'extrême fin du xiiie, ou même au début du
xive siècle, nous retrouvons la vieille formule romane,
mais la lutte atténuée n'est plus guère qu'un symbole.
Les vierges sont bien armées d'une grande lance, mais le
vice qu'elles terrassent est vaincu d'avance, réduit au rôle
de socle. Les vierges n'ont pas d'attributs qui les dis-
tinguent les unes des autres, et les noms écrits sur les
banderoles ont disparu. Vous voyez que ce sont des
figures charmantes, très calmes, très douces et pas l'air
guerrières du tout. L'une d'elles tient d'un geste
emprunté son épée de la main gauche.

N° 9. — Côté sud.

Nous sommes placés au sud-ouest de la cathédrale ;
la tour sud est à notre gauche et nous regardons l'angle
formé par la nef et le transept. Tout en haut, à gauche,
vous voyez le toit de la grande nef soutenu par les
arcs-boutants qui s'appuient sur les gros contreforts ;
le bas de ceux-ci est engagé dans le mur du bas-côté et
leur sommet se couronne d'un pinacle orné de statues.
Entre les arcs-boutants, vous voyez les grandes fenêtres
qui éclairent la nef, et plus bas celles des bas-côtés, de
belles fenêtres très larges qui occupent tout l'espace
entre les contreforts. Tout en bas, les arcades construites
à la fin du xviiie siècle pour remplacer les petites boutiques. Au bout de cette galerie, la porte dite des Tail-
leurs de pierre, puis, dans l'angle, adossée au transept,
la chapelle Sainte-Catherine édifiée au xive siècle. Vous
apercevez tout à fait à droite la façade du croisillon
sud ; et la tour qui forme le centre de la vue, c'est celle qui
domine la croisée du transept et qui n'est ancienne que
jusqu'aux petites arcatures, à la hauteur de la balustrade du toit.

N° 10. — Façade du transept sud.

Voici la façade encore romane d'aspect du transept
sud. Nous verrons tout à l'heure à propos du pilier des
Anges que l'architecte de ce transept sud avait sûre-
ment été à Chartres, et nous retrouvons ici l'influence
de la façade occidentale, plus ancienne que le reste de
l'édifice. A Chartres il y a trois portes, et il n'y a qu'une
rose, mais le dessin des portes et de la rose a avec celles
d'ici de grandes analogies. Les deux portes corres-

pondent aux deux nefs du transept, de même que les
deux fenêtres doubles du premier étage. La sculpture
de ces portes est ce qu'il y a de plus parfait à Strasbourg et nous allons en revoir les détails isolément,
mais cette vue vous en montrera la disposition. Chacun
des deux portails a un tympan sculpté ; à droite il y a
le couronnement de la Vierge, à gauche la célèbre mort
de la Vierge et des deux côtés les non moins célèbres
statues de l'Église et de la Synagogue. Le roi Salomon
qui occupe l'espace entre les deux portes est refait, de
même que les deux linteaux sculptés placés au-dessous
des tympans ; la Vierge entre les fenêtres est refaite, elle
aussi ; elle remplace la Vierge du xve siècle qui avait
été faite pour le sommet de la flèche, mais qui n'y resta
qu'une cinquantaine d'années, et qui a été détruite à la
Révolution en même temps que les statues des ·2 Apôtres qui étaient placées aux pieds-droits des deux portails.
Entre la Vierge et la balustrade que sépare l'étage des
fenêtres de celui des roses, le cadran de la vieille horloge qui a donné son nom à la porte — portail de
l'horloge — où se transmet l'indication des heures des
minutes et des jours de la semaine, donnée à l'heure
astronomique (en retard de 29 minutes sur l'heure de
l'Europe centrale.)

Vous voyez que l'abside de la cathédrale, à droite, est
encastrée dans des bâtiments ; à gauche ce que vous
voyez, c'est le commencement de la clôture ogivale
élevée au xviiie siècle au moment de la destruction
des petites boutiques.

No 11 — La mort de la Vierge.

Voici cette mort de la Vierge si connue et si belle et
qui est dans l'histoire de la sculpture du xiii° siècle un

morceau exceptionnel. Le sujet, la mort de la Vierge, vient de France où il était très fréquemment représenté. La Légende Dorée raconte que, la Vierge étant sur le point de mourir, les apôtres furent miraculeusement transportés auprès d'elle et que Jésus lui-même arriva pour recueillir son âme. La Vierge est couchée dans un petit lit sous une draperie légère qui dessine ses membres ; elle est jeune et belle et d'une sérénité admirable. Deux apôtres la soutiennent, l'un à la tête, l'autre aux pieds ; ils se penchent sur elle avec des gestes d'une grande douceur. Leurs dix compagnons font cercle autour d'eux ; ce sont des hommes déjà âgés, très barbus et chevelus, des figures maigres aux pommettes saillantes, aux yeux creusés et qui respirent la gravité et la douleur. Deux d'entre eux appuient leur joue sur leur main et saint Jean est comme ployé par le chagrin. Debout au centre, derrière le lit, le Christ, reconnaissable au nimbe crucifère béni sa mère de la main droite, et de la gauche tient son âme qui a l'air d'une petite statuette toute droite et les mains jointes. Mais la figure la plus caractéristique de tout le bas-relief, c'est une femme accroupie au premier plan, qui se tord les mains et qui fixe la figure de la morte avec une intensité de douleur qui en fait une œuvre d'un pathétique admirable. On dirait qu'elle veut incruster dans son souvenir les traits de celle qu'elle regarde pour la dernière fois.

Ce sens de la douleur est une chose tout à fait rare à cette époque, où l'art est noble, serein, grandiose, mais répugne à la représentation de la souffrance. Si donc c'est une œuvre française par le sujet, par l'ordonnance, par les proportions et par les draperies, c'est par son esprit l'œuvre profondément originale d'un sculpteur de génie.

Le tympan voisin, qui représente le couronnement de la Vierge, est un beau morceau aussi, mais qui n'a ni la grandeur ni la beauté de celui-là. C'est une œuvre toute française d'inspiration.

N° 12. — L'Église.

Il y a un moment, dans la Crucifixion qui forme le centre du grand portail, nous avons vu deux figures de femmes qui symbolisaient l'Église et la Synagogue. Nous les retrouvons ici, mais sous la forme de grandes statues isolées qui sont parmi ce que la sculpture du XIIIᵉ siècle a produit de plus parfait. Ces figures symboliques ont été souvent placées dans la cathédrale : elles rappelaient aux fidèles le triomphe de la nouvelle loi sur l'ancienne, la supériorité du Nouveau Testament, qui est la réalisation, sur l'Ancien, qui n'est que l'image. Placées au pied de la croix, l'Église reçoit dans le calice le sang du Christ qui va être sa vie, tandis que la Synagogue déchue, qui n'a pas voulu accepter le Sauveur parce qu'elle n'a pas compris le sens des prophéties, voit son sceptre se briser et laisse tomber sa couronne.

Voici cette belle figure de l'Église, si jeune, si fine, à la fois si gracieuse et si forte. Une couronne, symbole de sa puissance, ceint son front : d'une main elle tient la croix, qui d'emblème de martyre est devenue emblème de victoire, et de l'autre le calice qui renferme le sang précieux. Elle est vêtue d'un manteau agrafé sur la poitrine et d'une robe d'étoffe mince qui retombe sur ses pieds en plis nombreux.

N° 13. — La Synagogue.

La Synagogue est aussi belle que sa compagne, d'une beauté douloureuse, mais très digne et tout aussi gra-

cieuse. Elle n'a plus de couronne et un bandeau léger,
qui ne cache rien de ses traits, recouvre ses yeux. C'est
un symbole de l'incompréhension de l'ancienne loi qui
n'a pas su voir le sens caché des images de la Bible.
Sa lance est brisée, elle la tient encore, mais n'y trouve
plus aucun appui. De l'autre main elle laisse tomber
les tables de la Loi, inutiles désormais. Comme l'Église,
elle est vêtue d'un manteau et d'une longue robe retenue
à la taille par une ceinture. Elles ont l'une et l'autre
d'admirables corps souples et gracieux. Plus trace ici
d'influences germaniques, c'est de l'art français dans
toute sa pureté ; les modèles de ces statues se trouvent
à Reims, près de la rose sud, mais l'artiste de Strasbourg
a fait mieux que son devancier.

Une inscription apocryphe placée sur la banderole
d'un des apôtres du portail a fait croire longtemps que
toutes ces statues, y compris l'Église et la Synagogue,
étaient l'œuvre de la fille d'Erwin de Steinbach, et l'Allemagne les revendiquait comme siennes ; mais, comme
ces statues sont antérieures à Erwin de près d'un siècle,
cette légende n'a aucun fondement. Les statues actuelle-
ment à la cathédrale sont des reproductions, les ori-
ginaux se trouvent au musée de l'Œuvre Notre-Dame.

Nº 14. — Portail Saint-Laurent.

A la fin du XVe siècle on rajouta à l'extrémité du transept nord, qui se terminait alors par un portail roman,
une chapelle qui est devenue aujourd'hui la sacristie de
Saint-Laurent. La porte que vous avez sous les yeux
est celle qui de l'extérieur donne accès à cette sacristie;
elle se nomme le portail Saint-Laurent; vous voyez le

contraste qu'elle présente avec la porte de l'Horloge qui lui fait pendant à l'autre bras du transept et qui est, elle, encore toute romane d'aspect, sinon de sculpture.

La porte est carrée, encadrée d'ornements de la Renaissance ; le groupe central, sous le dais à triple ouverture qui représente saint Laurent martyrisé sur le gril, est refait, de même que le Christ qui le domine. La partie la plus intéressante, ce sont ces deux séries de cinq personnages, placés des deux côtés et si curieusement groupés, de statues différentes de taille, et, pour ainsi dire, adossées les unes aux autres. A gauche vous voyez l'adoration des Mages ; la Vierge, très grande, debout, coiffée d'une haute couronne, vêtue d'une robe à gros plis lourds, tient le globe et l'enfant ; plus loin, groupés autour d'un pilier, les rois Mages : le premier, tête nue, s'incline en présentant un vase, le deuxième, barbu et couronné, porte un coffret, le troisième, le nègre, a un chien à ses pieds et un grand collier qui lui descend jusqu'au milieu de la poitrine. Il soulève sa toque et tient un vase ; enfin, un quatrième personnage, appuyé des deux mains sur un bâton. De l'autre côté du portail un grand saint Laurent à tête bouclée fait pendant à la Vierge, et, sur le pilier, un juge, un guerrier et deux autres personnages.

Toutes ces statues sont plus curieuses que belles, maniérées, recherchées, avec des cheveux trop bouclés, des plis de vêtements à la fois trop amples et trop cassés qui leur donnent un fort cachet germanique.

Dans le haut de la vue, vous distinguez la petite balustrade qui termine le portail. Au-dessus, pas sur la vue, mais en réalité, on voit apparaître l'ancienne façade qui terminait le transept avant l'adjonction de la chapelle Saint-Laurent.

No 15. —. Fragment de la frise symbolique.

Sur les faces nord et sud des tours de la cathédrale, au-dessous de la première balustrade, se déroulent deux longues frises sculptées du début du xiv⁰ siècle, dont les sujets étranges ont longtemps excité la curiosité des archéologues. Il y a des scènes populaires, des batailles de monstres, et surtout une série de figures d'animaux, le lion que vous avez sous les yeux, un phénix dans son nid en flammes, un pélican se fouillant la poitrine pour nourrir ses petits, une licorne poursuivie par un chasseur se réfugiant auprès d'une jeune fille, un aigle montrant le soleil à ses aiglons. Toutes ces scènes sont des allusions aux mœurs des animaux, telles que les présentaient de curieux recueils d'origine très ancienne nommés les Bestiaires. Mais, comme l'a démontré M. Mâle, les sculpteurs n'ont pas puisé directement à cette source-là ; ils ont passé par l'intermédiaire d'un livre célèbre au Moyen-Age, un recueil de sermons écrits au xiie siècle (Speculum Ecclesiae d'Honorius d'Autun). Dans ce livre curieux, le théologien rapproche les principaux événements de la vie de Jésus-Christ des récits de l'Ancien Testament et des traits des mœurs des animaux, et c'est aux Bestiaires qu'il emprunte ces traits. Le phénix qui renaît de ses cendres et le pélican qui meurt pour donner la vie à ses petits sont des images de la Résurrection ; l'aigle qui vole plus haut que tous les autres oiseaux et qui seul regarde le soleil en face est une image de l'Ascension, et la licorne est un symbole de l'Incarnation de Jésus-Christ dans la Vierge. Le lion est lui aussi un symbole de la Résurrection ; les Bestiaires racontaient que la lionne donnait le jour à des lionceaux

mort-nés, mais que trois jours après le lion arrivait
et que son rugissement rendait la vie à ses petits ; « de
même, le Christ est resté étendu dans le tombeau, comme
un mort, mais, le troisième jour, il s'est levé, réveillé par
la voix de son père ». Vous voyez ici ce grand lion à
puissante crinière, la queue entre les jambes, qui pousse
un rugissement terrible en secouant de son souffle les
trois petits lionceaux. Toutes les parties de la frise n'ont
pas la beauté ni la puissance de ce morceau-là.

Nᵒ 16. La Crypte.

Passons maintenant à l'intérieur de l'église.

La crypte ou église souterraine est la partie la plus
ancienne de la cathédrale. Elle se compose de trois
nefs de style roman et comprend tout l'espace qui se
trouve sous le chœur et le carré du transept ; sa partie
orientale, que vous voyez dans le fond, est la plus ancienne,
et sa construction remonte au début du XIᵉ siècle ; vous
apercevez à droite ses piliers carrés, et à gauche, à l'arrière-plan, ses voûtes en berceau, c'est-à-dire construites
comme un arc prolongé. La partie occidentale que vous
voyez au premier plan est plus jeune de près d'un siècle.
Les colonnes qui soutiennent ses voûtes d'arêtes sont
surmontées de chapiteaux cubiques, sans décoration,
fréquents en Alsace et sur les bords du Rhin ; elles
sont reliées au socle par ces belles bases à griffes qui
subsisteront à l'époque gothique. Quant aux arcs des
voûtes, ils sont faits d'une alternance de pierre
blanche et de pierre rouge qui égaie l'austérité et la
nudité de la construction.

No 17. — Le portail roman.

Nous sommes maintenant dans le bras nord du transept, mais encore en plein art roman. Nous avons vu
tout à l'heure qu'après la crypte, la construction la plus
ancienne était le chœur, puis le transept qui fut bâti
assez lentement et qui fait dans la cathédrale la transition entre le style roman et le style gothique. Ce que
nous avons sous les yeux est connu sous le nom de portail roman, mais il est probable que cela a toujours été
une niche plutôt qu'une porte. Vous ne voyez pas le
portail dans son ensemble, mais vous voyez très bien les
colonnes engagées de la partie gauche, leurs bases
rondes, leurs chapiteaux à monstres ou à dessins bar-
bares au lieu des feuillages que nous montrera l'époque
gothique. Vous voyez aussi une partie des boudins en
plein cintre placés en retrait les uns sur les autres qui
forment la partie supérieure du portail. Au fond, la baie
en tiers point formée d'une rosace et de deux lancettes
a été ajoutée beaucoup plus tard. Et tout devant, derrière une grille, vous apercevez un charmant baptistère
qui date du milieu du xvᵉ siècle.

Nᵒ 18. — Le pilier des Anges.

Les deux moitiés du transept sont divisées chacune en
quatre travées voûtées d'ogives par un haut pilier; celui
du croisillon sud est un pur chef-d'œuvre connu sous le
nom de pilier des Anges. C'est un gros pilier flanqué
de quatre colonnes et de trois étages superposés de statues qui figurent un Jugement dernier en raccourci. Les

statues du bas, que vous ne voyez pas ici en entier, représentent les quatre évangélistes déroulant des banderoles.
Au-dessus, des anges à grandes ailes sonnent de la trompette ; enfin, tout en haut, le Christ juge entouré d'anges
portant les instruments de la Passion (on ne voit ici que
les pieds des statues du dernier étage).

Ce beau pilier des Anges, d'un art si pur et si sobre, a
été construit vers la fin de la première moitié du
XIIIᵉ siècle. Dans ce transept encore presque roman, c'est
une œuvre toute gothique et toute française aussi. En
effet, à l'étudier de près, il apparaît clairement que son
auteur inconnu a été chercher ses modèles à Chartres :
le pilier d'abord, qui se rapproche beaucoup des piliers
des porches de Chartres, puis les dais qui surmontent
les statues et les tuniques à plis serrés qui se retrouvent
presque pareilles à Chartres. La photographie est assez
nette pour que vous puissiez bien vous rendre compte de
la beauté de l'œuvre. Voyez quelle noblesse et quelle gravité dans ces deux têtes d'évangélistes, voyez la grâce de
ces figures d'anges, si élégantes dans leur simplicité,
regardez l'ange qui se présente de face, encadré dans
ses grandes ailes, cette tête bouclée qui se penche, ces
mains fines qui tiennent la trompette, le geste du bras
sous la draperie collante, l'étoffe fine qui dessine la
jambe.

Cette photographie vous montre aussi une partie de
la cathédrale que nous n'avons pas vue jusqu'ici. Voici
à gauche l'escalier, qui du transept conduit au chœur
et au carré du transept, plus élevés que le reste de
l'édifice, puis une des cinq arcades et une des trois
fenêtres qui se trouvent dans le chœur ; plus à droite, un
des grands arcs qui ornent la paroi est des croisillons.
Dans cet arc roman, des ouvertures gothiques ont été

pratiquées un siècle plus tard, et on a rajouté au xvᵉ siècle
la balustrade que vous voyez : au-dessus de l'entrée de
la chapelle Saint-André, tout-à-fait à droite, vous apercevez un des lions de l'horloge que nous reverrons tout
à l'heure.

Nᵒ 19. — La nef et le chœur.

Cette vue-ci vous montre à la fois la nef et le chœur;
vous voyez ce vieux chœur roman surélevé au-dessus
de la nef et pourtant bien plus bas de plafond qu'elle.
Le chœur est éclairé par trois fenêtres (vous voyez celle
du milieu et le reflet des deux autres). Les cinq arcades
que vous voyez au-dessous sont une réfection du milieu
du siècle dernier : à ce moment-là on détruisit les ornements de bois et de plâtre du xviiᵉ et du xviiiᵉ siècles,
et, pour donner à l'abside « tout son caractère romano-
byzantin de transition », on orna sa voûte d'une grande
fresque à fond d'or que vous voyez briller par places.
C'est de la même époque aussi que date le Jugement
dernier, que vous voyez au-dessus du grand arc qui
sépare la nef de la croisée du transept (ces diverses
peintures, dont le programme avait été arrêté en 1842,
furent exécutées entre 1875 et 1880).
Au premier plan, en deçà de l'escalier qui descend
du chœur, la grande nef. Vous vous rendez bien compte
ici de ces proportions, si différentes de celles des cathédrales françaises, cette nef large, pas très haute, et
comme ramassée sur elle-même(vous vous souvenez
que ces proportions avaient été imposées à l'architecte du xiiiᵉ siècle par les parties déjà existantes).
Vous voyez bien aussi ces beaux piliers, imités de
Saint-Denis formés, d'un faisceau de colonnettes qui

montent d'un jet du sol à la voûte, au lieu d'être
interrompues par la ligne du chapiteau, et vous devinez
aussi le triforium vitré sous les grandes fenêtres.
La chaire que vous voyez à gauche est la célèbre chaire
du XVe siècle que nous verrons mieux tout à l'heure.

No 20. — Intérieur.

Ici vous avez une meilleure vue de ce triforium vitré
inventé par Pierre de Montereau, copié vingt ans plus
tard par l'architecte de Strasbourg, et qui est un pas
important dans l'histoire de l'éclairage des églises
gothiques. On distingue très bien la première ligne
d'arcatures qui borde l'étroit passage du côté de la nef,
puis du côté de l'extérieur le remplage des fenêtres
et les vitraux. Vous voyez aussi sous un autre aspect
les belles arcades si pures qui font communiquer la
nef avec les bas-côtés. Vous voyez que les piliers dis-
paraissent complètement sous leur entourage de
colonnettes, et, au tout premier plan à droite, vous distinguez très nettement la façon dont la base des colonnettes s'adapte au socle : un tore aplati, débordant sur
le socle et soutenu par un petit chapiteau. Le pilier
rond que vous apercevez à l'arrière-plan est celui qui
partage en deux le transept nord et qui fait pendant au
beau pilier des Anges du transept sud. Plus à gauche,
cet espace éclairé est la chapelle Saint-Laurent, autrefois
chapelle Saint-Martin, rajoutée au XVIe siècle dans
l'angle de la nef et du croisillon nord. Les statues
qu'on voit adossées aux colonnes sont modernes.

N° 21. — Bas-côté sud.

Nous voici maintenant dans une des nefs latérales, celle du sud, à l'extrémité de laquelle on aperçoit au delà du transept l'entrée de la chapelle Saint-André. A gauche, nous voyons les mêmes piliers que tout à l'heure, mais sous leur autre face, et vous voyez qu'ici toutes les colonnettes se terminent au même niveau par un petit chapiteau de feuillage. La voûte est un excellent exemple de cette voûte en croisées d'ogives que nous avons vu être la principale caractéristique de l'art gothique. Vous voyez que chaque colonnette des piliers correspond à une nervure dont elle reçoit le poids sur son chapiteau. Sur les cinq colonnettes que vous voyez à chaque pilier, trois reçoivent les formerets, c'est-à-dire les arcs qui forment les arcades entre les nefs, une autre reçoit le doubleau, ou arc qui dessine l'ouverture de la petite nef, et la dernière enfin reçoit l'une des branches des arcs en croix qui forment la voûte. Ce sont ces arcs en croix qui sont appelés croisées d'ogives et vous voyez qu'ils sont ici comme dans toutes les premières constructions gothiques, en plein cintre, alors que les doubleaux sont en arc brisé. Cette photographie fait nettement ressortir le caractère d'armature de ces arcs qui soutiennent tout le poids dela construction tandis que les panneaux ne sont que du remplissage. A l'intersection des branches la clef de voûte.

N° 22. — La chaire.

Voici cette fameuse chaire construite à la fin du xv° siècle pour le prédicateur réformateur Geyler de Kaysersberg, et d'où il prononça tant d'allocutions vibrantes et lança tant d'anathèmes contre le relâchement de la foi et des mœurs, et la facilité avec laquelle «on mettait des coussins sous tous les coudes et des oreillers sous toutes les têtes». Cette chaire, construite en pierre, a été démolie au moment de la Révolution, mais avec beaucoup de soin, et au commencement du siècle dernier on put reprendre les morceaux et la reconstruire. L'abat-voix qui la domine n'est pas ancien. Vous voyez que c'est une œuvre très ornée et très finement exécutée. Sur le pilier octogone qui en forme la base et qui est mal visible à cause de la balustrade de fer qui l'entoure, il y a la Vierge et les évangélistes, et, sur la chaire elle-même, vous distinguez très bien au centre le Christ en croix entouré de la Vierge et de saint Jean, et dans les niches les statues des apôtres.

Cette vue vous donne aussi une assez bonne image de deux des grandes fenêtres du bas-côté nord qui contiennent une série de vitraux très célèbres, la suite des vieux rois et empereurs d'Allemagne. Vous savez que la représentation des héros· de l'histoire profane est une chose très rare au Moyen-Age, et que les seuls rois habituellement figurés dans les cathédrales sont ceux que l'Église a acceptés comme saints, par exemple Charlemagne ou saint Louis. Il y a pourtant à Reims, cathédrale du sacre, une série de vitraux où sont représentés les rois de France ; la série de Strasbourg en est le pendant. Tous les rois représentés ici, bien que n'étant pas canonisés, ont la tête ornée du nimbe et portent la couronne, le globe et le sceptre. La cathédrale de Strasbourg est très riche en vitraux anciens qui donnent à son intérieur une lumière magnifique et colorée.

Vous voyez bien aussi ici le dessin des fenêtres, avec les trois rosaces et le meneau épais du centre, et surtout vous pouvez bien vous rendre compte de ce chemin de ronde imité de Saint-Denis, qui circule au-devant des fenêtres, à travers les piliers et au-dessus d'un haut soubassement garni d'arcatures. Nous avons vu que c'était une création de Pierre de Montereau qui avait été imitée par l'architecte de Strasbourg.

N° 23. — L'Horloge.

Dans le bras méridional du transept se trouve la fameuse horloge astronomique qui est une des curiosités de la cathédrale. Elle est l'œuvre d'un mécanicien strasbourgeois, et date de la première moitié du siècle passé : elle remplace une horloge du xvie siècle qui avait fonctionné pendant 200 ans, dont les rouages étaient abîmés, mais dont le coffre a resservi en grande partie. Cette horloge de la Renaissance avait elle-même succédé à une autre horloge fort ancienne, qui datait du milieu du xive, siècle et était antérieure à la fameuse horloge de la tour du Palais à Paris.

Voici la partie inférieure de cette horloge. Ce que vous voyez tout-à-fait en bas derrière le pilier est une sphère céleste qui indique le temps sidéral, c'est-à-dire les passages successifs d'une même étoile au méridien de Strasbourg.

Droit derrière, le buffet de l'horloge divisé en trois compartiments. Au centre, le calendrier perpétuel, un gros anneau qui avance d'une division chaque jour et indique les mois, les jours, les fêtes fixes et mobiles ; une petite statue d'Apollon (à gauche) indique la date ;

vis-à-vis, Diane. Au centre de l'anneau, l'indication du temps solaire. On y voit les heures de jour et de nuit, le lever et le coucher du soleil, les mouvements de la lune, les éclipses etc. Tout autour, dans les angles, des peintures de Tobias Stimmer qui proviennent de l'ancienne horloge.

Dans le compartiment de gauche, le comput ecclésiastique (millésime, fête de Pâques etc.), et, dans celui de droite, les équations solaires et lunaires (mouvements apparents du soleil et de la lune pour un temps indéfini).

Les deux corniches et leurs peintures proviennent aussi de l'ancienne horloge; la partie la plus remarquable en est le centre, où l'on voit apparaître successivement les jours de la semaine sous la forme de divinités antiques traînées dans des chars. Le cadran qui les domine est destiné à l'indication du temps moyen, c'est-à-dire de l'heure solaire. Deux petits anges sont assis à droite et à gauche du cadran; l'un deux frappe le premier coup de chaque quart d'heure, tandis que l'autre retourne le sablier à chaque heure. Aux extrémités de la galerie, deux gros lions avec les armes de Strasbourg, qui datent eux aussi de l'horloge du xvie siècle.

Au haut de la projection, un planétaire construit d'après le système de Copernic. Au centre vous voyez le soleil entouré de sept petites sphères mobiles qui figurent les planètes. Douze rayons partant du soleil aboutissent aux signes du zodiaque placés sur la circonférence du cadran. A droite, vous voyez le bas d'un petit escalier en limaçon; à gauche, le portrait du constructeur de l'horloge.

Au-dessus, dans la partie qui n'est pas visible sur cette projection, un disque indiquant les phases de la lune, puis de petites figurines qui ont auprès de la foule beaucoup de succès : les quatre âges de la vie qui passent à chaque quart d'heure devant la figure de la mort, et sonnent le jour seulement tandis qu'elle sonne de nuit et de jour, et, au-dessus, le Christ devant lequel défilent au coup de midi les douze Apôtres. A la même heure le coq, qui surmonte la tourelle gauche et qui fonctionnait déjà de la même façon dans la toute première horloge, bat des ailes, agite la tête et chante trois fois.

N° 24. — La flèche.

Et, pour terminer cette série de vues sur la cathédrale de Strasbourg, voici cette flèche célèbre qui a excité tant de passions, qui a été pendant tant d'années comme le symbole des provinces perdues, et qui personnifie aujourd'hui la joie du retour et de la victoire. Le cliché a été pris en avion aux premiers jours de la réoccupation, et montre les couleurs françaises flottant à nouveau pour la première fois sur la tour reconquise.

Vous voyez bien ici le détail de cette flèche ajourée que la perspective fait paraître ramassée sur elle-même, D'abord, au bas de la vue, la partie supérieure de la tour du nord prolongée, avec sa haute baie terminée par un arc en accolade qui la date à première vue du début du xve. siècle, et dominée par un étage bas octogone comme le précédent Sur quatre des côtés de la tour s'élèvent de hautes tourelles contenant les escaliers, très ajourées elles aussi et isolées de la construction principale. Au haut de la tour, les tourelles cessent et l'ascension continue par les huit angles de la flèche surmontés de six étages de nouvelles tourelles toutes petites celles-là. Au-dessus, un étage carré, puis la lanterne, qui s'élargit en corbeille et est dominée par la double croix un peu déformée sur cette projection.

Quand Jean Hültz termina cette flèche en 1439, on érigea sur la croix une statue de la Vierge ; quarante ans plus tard elle fut remplacée par une pierre octogone ; au moment de la Révolution, la municipalité fit dresser à cette place un immense bonnet de tôle peinte en rouge et sauva ainsi la flèche tout entière qu'on voulait détruire, disant que sa hauteur « blessait profondément le sentiment de l'égalité ». Enfin, pendant le bombardement de 1870, treize obus frappèrent la flèche, l'un d'eux l'atteignit tout en haut, et la chute de la croix ne fut empêchée que par des crampons de fer et les conducteurs du paratonnerre.

C'est sur l'une des tourelles, celle du nord-est, que fut hissé quelques jours plustard le drapeau blanc.

Les drapeaux de notre vue ont eu d'illustres devanciers. En 1790 à l'occasion d'une grande fête patriotique, on hissa sur les tourelles et sur la pointe de la flèche les premiers drapeaux tricolores déployés à Strasbourg, et « ce spectacle vu des rives opposées du Rhin, dit le procès-verbal officiel, apprit à l'Allemagne que l'empire de la liberté était fondé en France ».

MELUN. IMPRIMERIE ADMINISTRATIVE. — M. P. 769 M

www.ingramcontent.com/pod-product-compliance
Lightning Source LLC
LaVergne TN
LVHW022144080426

835511LV00007B/1246